Bear's First French Words

Clare Beaton

b small publishing
www.bsmall.co.uk

Plenty of lovely language-learning books for primary school aged children are available from b small publishing.
Join us online for more information:
www.bsmall.co.uk
www.facebook.com/bsmallpublishing
@bsmallbear

b small publishing

Published by b small publishing ltd.
www.bsmall.co.uk

1 2 3 4 5

Printed in China by WKT Co. Ltd.

Editorial: Susan Martineau and Louise Millar
Design: Louise Millar
Production: Madeleine Ehm
French adviser: Marie-Thérèse Bougard

ISBN 978-1-908164-67-4

British Library Cataloguing-in-Publication Data.
A catalogue record for this book is available from the British Library.

Table des matières

Contents

Les animaux Animals

lez anee-moh

le chat

ler shah

cat

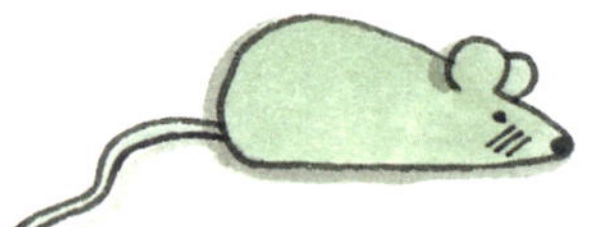

la souris

la soo-ree

mouse

le cheval

ler sh-val

horse

le chien

ler shee-yah

dog

le canard

ler kan-ar

duck

la vache

la vash

cow

le lapin

ler lah-pah

rabbit

le mouton

ler moo-toh

sheep

la poule

la pool

chicken

la chèvre

la shevr

goat

le cochon

ler koh-shoh

pig

À la maison At home

a la mezoh

la fenêtre

la f'nair-tr

window

la porte

la port

door

le frigo

ler free-goh

fridge

le lit

ler lee

bed

la baignoire

la beyn-nwah

bath

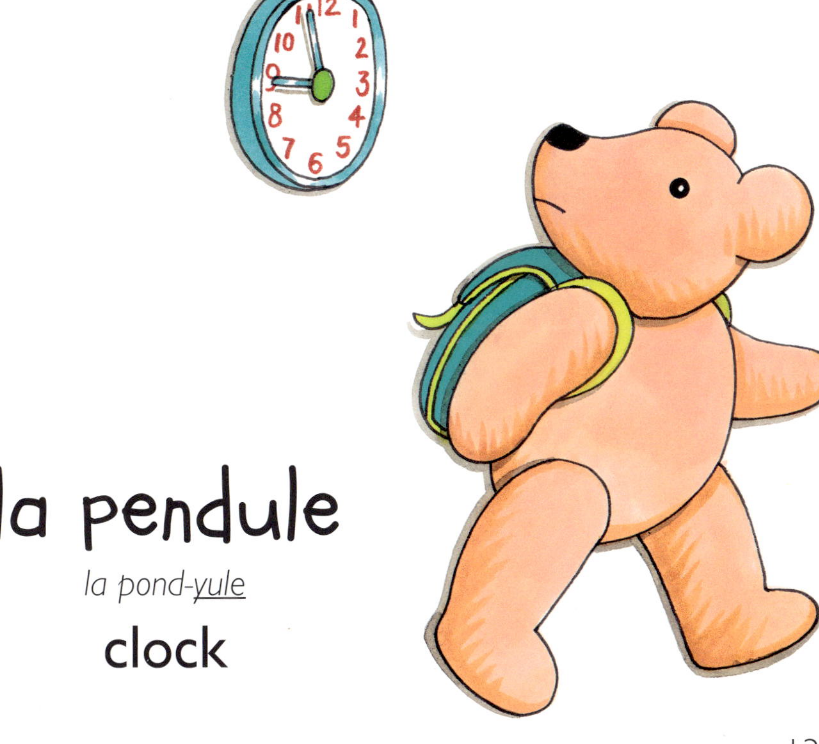

la pendule

la pond-yule

clock

Les vêtements Clothes

leh vetmoh

le pull

ler pool

jumper

la jupe

la shoop

skirt

la robe

la rob

dress

les chaussures

leh showss-yoor

shoes

le tee-shirt

ler tee-shirt

T-shirt

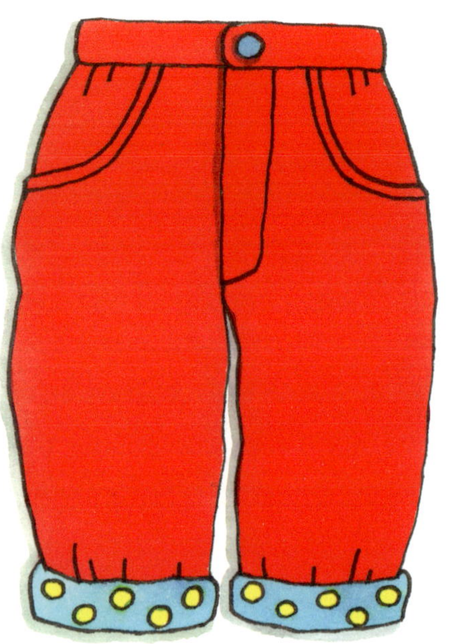

le pantalon

ler ponta-loh

trousers

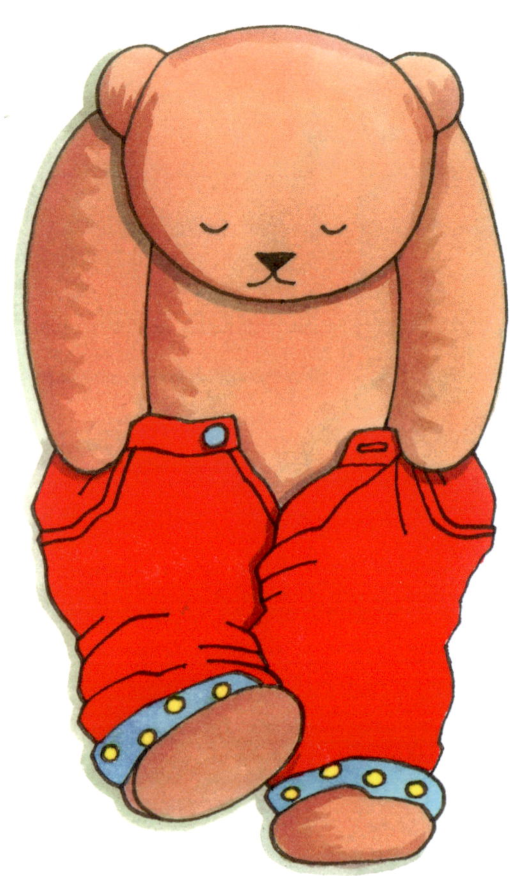

le chapeau

ler shapo

hat

les chaussettes

leh show-set

socks

le short

ler short

shorts

le pyjama

ler peeshah-mah

pyjamas

le manteau

ler monto

coat

Les couleurs Colours

leh koo-lerr

vert

vair

green

rouge

rooshj

red

rose

roz

pink

noir

nwah

black

blanc

bloh

white

gris

gree

grey

bleu

bl'

blue

orange

o<u>ranshj</u>

orange

jaune

shown

yellow

marron

mah-roh

brown

violet

veeoh-leh

purple

La famille Family

la fameeh

la mère

la mair

mother

le père

ler pair

father

le grand-père

ler groh-pair

grandfather

la grand-mère

la groh-mair

grandmother

le frère

ler frair

brother

la sœur

la sir

sister

La nourriture Food

la nooreet-yoor

le pain

ler pah

bread

les fruits

leh frwee

fruit

l'œuf

lerf

egg

la glace

la glas

ice-cream

le lait

ler lay

milk

le fromage

ler from-ah-sh

cheese

Les nombres Numbers

leh nombr'

1 **un**

ahn

one

2 **deux**

der

two

3 **trois**

trwah

three

4 quatre

katr'

four

5 cinq

sank

five

6 six

seess

six

7 sept

set

seven

8 huit

weet

eight

9 neuf

nerf

nine

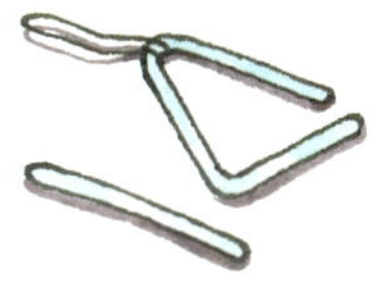

10 dix

deess

ten

Les jouets Toys

leh shoo-eh

le ballon

ler bah-loh

ball

le tricycle

ler tree-see-kl'

tricycle

les cubes

leh kube

blocks

le tambour

ler tom<u>boor</u>

drum

le puzzle

ler poozl'

jigsaw puzzle

les crayons de couleur

leh cray-<u>oh</u> der cool-<u>err</u>

crayons

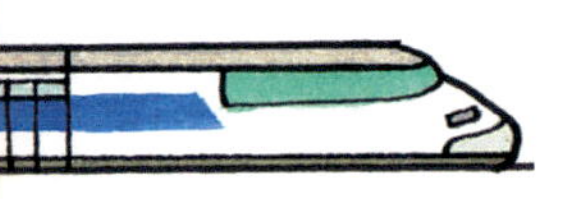

Le transport Transport

ler trons-paw

la bicyclette

la beesee-klet

bicycle

la moto

la moh-to

motorbike

l'autobus

low-toh-boos

bus

la voiture

la vwot-yoor

car

l'avion

lavee-on

aeroplane

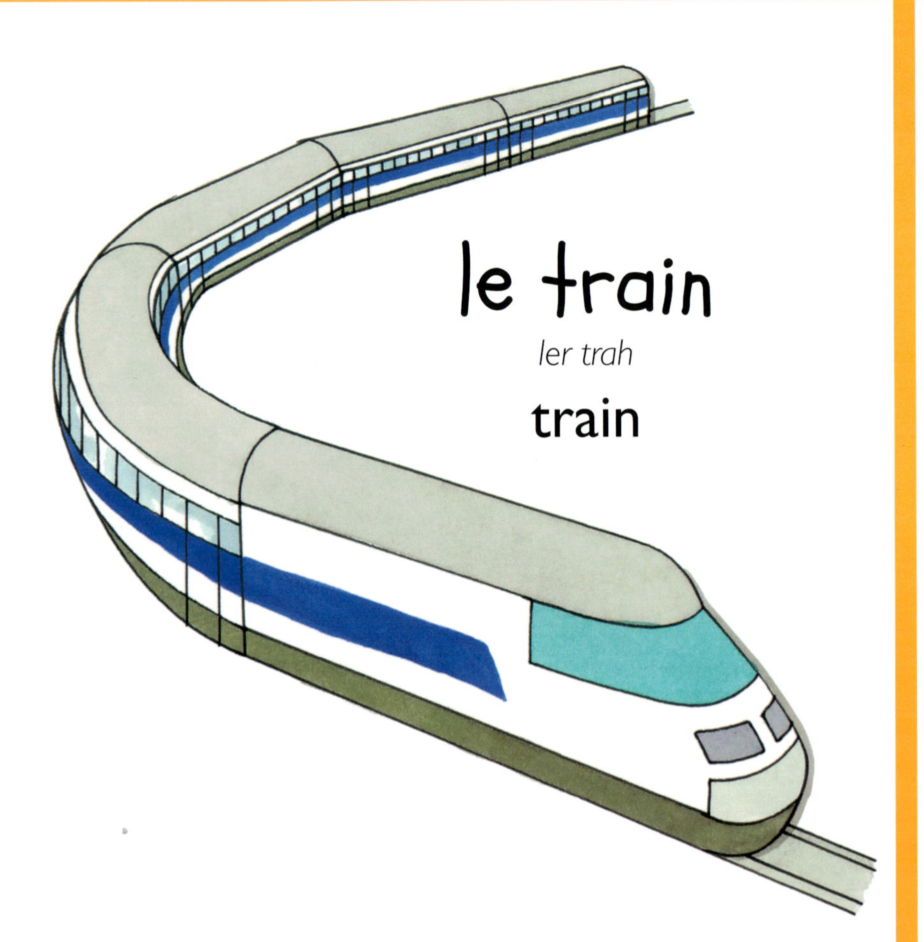

le train

ler trah

train

le bateau

ler bato

boat

le camion de pompiers

ler kamee-oh der pompee-eh

fire engine

le camion

ler kamee-oh

lorry

la pelleteuse

la pelet-erz

digger

le tracteur

ler trak-ter

tractor

Le temps Weather

ler toh

la pluie

la plwee

rain

le soleil

ler sol-ay

sun

le vent

ler voh

wind

le brouillard

ler brwee-ar

fog

la glace

la glas

ice

la neige

la nair'sh

snow

le nuage

le noo-ah-sh

cloud

l'orage

lor-ah-sh

storm

le tonnerre

ler tonair

thunder

les éclairs

lezeh-clair

lightning

l'arc-en-ciel

larkon-see-ell

rainbow

Les animaux sauvages
Wild animals

lez anee-moh so-vajsh

le lion

ler leeoh

lion

l'hippopotame

leepopotam

hippopotamus

le tigre

ler teegr'

tiger

l'éléphant

lelay<u>foh</u>

elephant

l'ours blanc

loors bloh

polar bear

le zèbre

ler zair-br'

zebra

le crocodile

ler kroko<u>deel</u>

crocodile

le singe

ler sanjsh

monkey

le kangourou

ler kongoo-roo

kangaroo

le serpent

ler sairpoh

snake

la girafe

la jeeraff

giraffe

Vocabulaire Word list

voh-kab-oo-lair

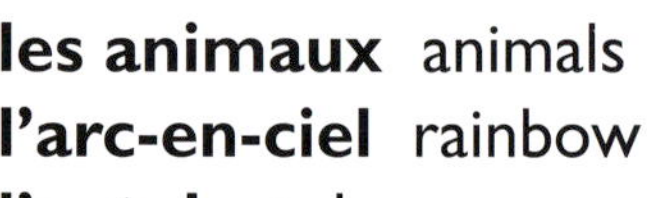

French/**français** – English/**anglais**

fron-seh *on-gleh*

les animaux animals
l'arc-en-ciel rainbow
l'autobus bus
l'avion aeroplane
la baignoire bath
le ballon ball
le bateau boat
la bicyclette bicycle
blanc white
bleu blue
le brouillard fog
le camion lorry
le camion de pompiers fire engine
le canard duck
le chapeau hat
le chat cat
les chaussettes socks
les chaussures shoes
le cheval horse
la chèvre goat
le chien dog
cinq five
le cochon pig
les couleurs colours
les crayons de couleur crayons
le crocodile crocodile
les cubes blocks
deux two
dix ten
les éclairs lightning
l'éléphant elephant
la famille family
la fenêtre window
le frère brother
le frigo fridge
le fromage cheese
les fruits fruit
la girafe giraffe
la glace ice
la glace ice-cream
la grand-mère grandmother
le grand-père grandfather
gris grey
l'hippopotame hippopotamus
huit eight
jaune yellow
les jouets toys
la jupe skirt
le kangourou kangaroo
le lait milk
le lapin rabbit
le lion lion
le lit bed
la maison home
le manteau coat
marron brown
la mère mother
la moto motorbike
le mouton sheep
la neige snow
neuf nine
noir black
les nombres numbers
la nourriture food
le nuage cloud
l'œuf egg
l'orage storm
orange orange
l'ours blanc polar bear
le pain bread
le pantalon trousers
la pelleteuse digger
la pendule clock
le père father
la pluie rain
la porte door
la poule chicken
le pull jumper
le puzzle jigsaw puzzle
le pyjama pyjamas
quatre four
la robe dress
rose pink
rouge red
sept seven
le serpent snake
le short shorts
le singe monkey
six six
la sœur sister
le soleil sun
la souris mouse
le tambour drum
le tee-shirt T-shirt
le temps weather
le tigre tiger
le tonnerre thunder
le tracteur tractor
le train train
le transport transport
le tricycle tricycle
trois three
un one
la vache cow
le vent wind
vert green
les vêtements clothes
violet purple
la voiture car
le zèbre zebra

English/**anglais** – French/**français**

on-gleh *fron-seh*

aeroplane l'avion
animals les animaux
ball le ballon
bath la baignoire
bed le lit
bicycle la bicyclette
black noir
blocks les cubes
blue bleu
boat le bateau
bread le pain
brother le frère
brown marron
bus l'autobus
car la voiture
cat le chat
cheese le fromage
chicken la poule
clock la pendule
clothes les vêtements
cloud le nuage
coat le manteau
colours les couleurs
cow la vache
crayons les crayons de couleur
crocodile le crocodile
digger la pelleteuse
dog le chien
door la porte
dress la robe
drum le tambour
duck le canard
egg l'œuf
eight huit
elephant l'éléphant
family la famille
father le père
fire engine le camion de pompiers
five cinq
fog le brouillard
food la nourriture
four quatre
fridge le frigo
fruit les fruits
giraffe la girafe
goat la chèvre
grandfather le grand-père
grandmother la grand-mère
green vert
grey gris
hat le chapeau
hippopotamus l'hippopotame
home la maison
horse le cheval
ice la glace
ice-cream la glace
jigsaw puzzle le puzzle
jumper le pull
kangaroo le kangourou
lightning les éclairs
lion le lion
lorry le camion
milk le lait
monkey le singe
mother la mère
motorbike la moto
mouse la souris
nine neuf
numbers les nombres
one un
orange orange
pig le cochon
pink rose
polar bear l'ours blanc
purple violet
pyjamas le pyjama
rabbit le lapin
rain la pluie
rainbow l'arc-en-ciel
red rouge
seven sept
sheep le mouton
shoes les chaussures
shorts le short
sister la sœur
six six
skirt la jupe
snake le serpent
snow la neige
socks les chaussettes
storm l'orage
sun le soleil
ten dix
three trois
thunder le tonnerre
tiger le tigre
toys les jouets
tractor le tracteur
train le train
transport le transport
tricycle le tricycle
trousers le pantalon
T-shirt le tee-shirt
two deux
weather le temps
white blanc
wind le vent
window la fenêtre
yellow jaune
zebra le zèbre